24 Décembre 1883.

V

CATALOGUE

—

OBJETS D'ART

ET DE

CURIOSITÉ

MEUBLES ET BOIS SCULPTÉS DU XVIᵉ SIÈCLE

TAPISSERIES

Étoffes, Broderies, Soieries

FAÏENCES DE ROUEN, PORCELAINES

TABLEAUX

LIVRES, MANUSCRITS, MARBRES, BRONZES, FERS

OBJETS DE VITRINE

Bijoux, Argenterie, Éventails, Dentelles

OBJETS DIVERS

DONT LA VENTE AURA LIEU

HOTEL DROUOT, SALLE N° 1

Les Lundi 24 et Mercredi 26 Décembre 1883

A DEUX HEURES

Mᵉ Robert LE SUEUR	M. A. BLOCHE
COMMISSᵉ-PRISEUR	EXPERT
rue Le Peletier, nᵒ 20	rue Laffitte, nᵒ 44

EXPOSITION PUBLIQUE

Le Dimanche 23 Décembre 1883, de 1 heure 1/2 à 5 heures.

—

PARIS — 1883

VI

Vᵉ RENOU, MAULDE et COCK

IMPRIMEURS DE LA COMPAGNIE DES COMMISSAIRES-PRISEURS

Rue de Rivoli, 144.

CONDITIONS DE LA VENTE

Elle sera faite au comptant.

Les Acquéreurs paieront, en sus des adjudications. CINQ CENTIMES PAR FRANC, applicables aux frais.

Aucune réclamation ne sera admise une fois l'adjudication prononcée.

12 — Buste d'Homme en bois sculpté, rehaussé de couleurs, formant reliquaire.

13 — Deux grandes Statuettes en bois sculpté, du xviie siècle.

14 — Statuette de Saint en bois sculpté, du xve siècle.

15 — Porte de Tabernacle en bois, avec rosaces et arceaux finement sculptés.

16 — Deux Bras de Stalle en chêne sculpté.

17 — Statuette de Déesse, époque Louis XIV.

18 — Quatre Côtés de Coffre en chêne sculpté.

19 — Deux Coffres en bois sculpté, de l'époque gothique.

20 — Petit Coffre, de la même époque, orné de clous en cuivre.

21 — Coffret à bijoux, orné d'une serrure en fer ajouré, du xve siècle.

22-28 — Très fort lot de Panneaux en hauteur en bois sculpté et doré (Sera divisé).

29-35 — Lot considérable de Devants de Coffre (Sera divisé).

36 — Trois Statuettes en bois sculpté rehaussé de couleurs.

BRONZES

37 — Pendule en bronze doré, sur socle en marbre.

38 — Deux Candélabres en bronze, socle en marbre.

39 — Lion en bronze.

40 — Bas-Relief en bronze finement ciselé et doré.

41 — Baiser de Paix du xvie siècle.

42 — Statuette en bronze doré, sur socle (Vénus).

43 — Statuette analogue, faisant pendant (Apollon).

44 — Statuette d'Homme en bronze vert.

45 — Deux petits Bas-Reliefs en bronze ciselé et doré :
Jeux d'Enfants.

46 — Deux Flambeaux en bronze.

47 — Médaillon en relief : Buste d'homme.

48 — Croix de procession en bronze doré.

49 — Autre Croix analogue, avec Christ au centre.

50 — Statuette en bronze doré, sur socle, de l'époque
Louis XIV.

51 — Petit Groupe de deux figures d'après l'Antique,

52 — Petite Pendule en bronze.

53-59 — Lot de Bas-Reliefs et Baisers de Paix (Sera divisé).

60 — Paire de Vases en bronze ancien du Japon, avec décor de serpents.

61 — Deux Vases en bronze du Japon.

—

FAIENCES

62 — Grand et beau Plat en faïence hispano-arabe du XVe siècle, offrant au centre des portraits de personnages et de riches arabesques sur le marli.

63 — Deux Plats en faïence hispano-arabe avec damiers.

64 — Beau Plat hispano, avec fleurs au centre.

65 — Deux petits Plats : Portraits de femmes.

66 — Plat à reflets métalliques.

67 — Deux petits Plats sur piédouche en faïence hispano-arabe, avec arabesques.

68 — Deux Plats avec oiseaux.

69-75 — Environ dix Plats en faïence hispano-arabe (Ce lot sera divisé).

76 — Bannette en faïence de Rouen.

77 — Plat à pans, décor de fleurs.

78 — Autre Plat analogue.

79 — Grand et beau Plat, décor à la corne.

80 — Plat ovale en faïence de Rouen.

81 — Deux Assiettes en faïence, décor à la corne.

82 — Petit Plat rond offrant au centre une corbeille de fleurs.

83 — Deux Assiettes analogues.

84 — Jardinière en faïence, bleu sur blanc.

85 — Jardinière décorée de fleurs.

86 — Bouquetière en faïence de Rouen.

87 — Quatre Plats en faïence décorée (Ce lot sera divisé).

88 — Six Assiettes et petits Plats en faïence, décor polychrome (Ce lot sera divisé.)

PORCELAINES

89 — Plat en porcelaine de la Chine, de la famille verte.

90 — Plat avec bords dentelés, décor de poissons.

91 — Deux Plats en ancienne porcelaine de la Chine, décor au dragon.

92 — Six Assiettes en ancienne porcelaine de la Chine, décor bleu, rouge et or.

93 — Plat en porcelaine de la Chine, décor blanc sur bleu.

94 — Deux Bols de la famille rose.

95 — Tasse avec Soucoupe et Présentoir.

96 — Deux Tasses avec Soucoupes.

97 — Soupière avec Plateau en porcelaine, décor d'oiseaux.

98 — Deux Sucriers en porcelaine de la Chine, décor bleu, rouge et or.

99-105 — Lot de Tasses, Soucoupes, Assiettes (Sera divisé).

106 — Service à café en porcelaine de l'époque empire, décoré de portraits.

OBJETS DE VITRINE

OBJETS DIVERS

107 — Bel Éventail de l'époque Louis XV, avec sujet champêtre, et monture finement découpée à jour.

108 — Éventail Louis XVI, « Rébecca à la fontaine. »

109 — Deux Éventails, monture en écaille.

110 — Éventail en vernis Martin.

111 — Autre Éventail analogue.

112 — Éventail en ivoire. Travail chinois.

113 — Deux Éventails, sujets d'après Watteau.

114 — Éventail en soie blanche brodée.

115 — Éventail en moire, avec sujets peints.

116-121 — Lot de plusieurs Éventails de diverses époques (Sera divisé).

122 — Coupe de Dentelle espagnole.

123 — Coupe de vieille Dentelle de Malines.

124 — Autre Coupe analogue.

148 — Boîte renfermant quatre Boucles en argent, ornée
de strass.

149 — Statuette en ivoire sculpté.

150 — Pomme de canne en argent.

151 -- Parure composée d'un Collier, deux Pendants
d'oreilles et une Broche en argent et Pierres
de couleur.

152 — Médaillon pendentif en argent émaillé.

153-159 — Fort lot de Bijoux en argent et cuivre doré,
de diverses époques (Sera divisé).

160 — Très beau Manuscrit du xvie siècle, orné de nom-
breuses miniatures.

161 — Manuscrit renfermant de curieuses miniatures.

162 — Manuscrit orné de miniatures et d'une reliure
au petit fer.

163 — Grand Verre en cristal gravé.

164-170 — Quantité de Pièces de Verrerie en verre et
cristal gravés (Ce lot sera divisé).

171 — Coffret en filigrane d'argent.

172 — Deux Pistolets de Lazarino Comminazzo.

173 — Bas-Relief en ivoire du xve siècle.

174 — Vierge en ivoire du xv° siècle.

175 — Coffret en fer damasquiné d'or, du xvi° siècle.

ÉTOFFES, SOIERIES, BRODERIES

176 — Grand et beau Couvre-Pied en satin richement
brodé.

177 — Dessus de Lit en satin bleu rayé blanc.

178 — Dessus de Lit en soierie rouge.

179 — Grande et belle Chape en brocart, époque
Louis XIV.

180 — Deux Chasubles, deux Dalmatiques et une Chape
en soierie Louis XIV.

181 — Devant d'autel en soierie Louis XVI, avec orne-
ments brodés en haut relief.

182 — Bandeau en velours frappé.

183 — Chasuble de la Renaissance en velours, avec
belle bande brodée en fin.

184 — Deux magnifiques Bandes de la Renaissance.
avec sujets symboliques brodés en haut-
relief.

185 — Chape en brocart d'argent, époque Louis XIV.

186 — Deux Dalmatiques à fleurs vertes.

187 — Deux petits Tapis de table, avec franges en dentelle d'argent.

188 — Chape en velours épinglé, fond noir.

189 — Bande en brocart, avec ornement en relief.

190 — Devant d'autel en brocart.

191 — Chasuble en brocart d'argent, avec bande de la
Renaissance.

192 — Couvre-Lit en damas de soie.

193 — Autre Couvre-Lit analogue.

194 — Belle Bande en soierie brochée.

195 — Deux Dalmatiques en velours marron.

196 — Chasuble analogue.

197-203 — Fort lot de Bandes en broderies de la Renaissance (Sera divisé.)

204-210 — Fort lot de Franges, Glands de diverses
époques (Sera divisé).

211-215 — Lot d'Étoles, Manipules, Dessus de calice, etc.
(Sera divisé).

216 — Petit Tapis de table en soierie Louis XIV.

217 — Autre Tapis en soierie Louis XVI.

218 — Devant d'autel en brocart d'or, offrant au centre et aux coins des têtes d'anges, en haut relief.

219 — Bandeau de la Renaissance, avec applications.

220-225 — Fort lot de Chapes, Chasubles, Dalmatiques de diverses époques (Ce lot sera divisé).

226 — Belle Portière en velours vert, avec bande de tapisserie au milieu.

227 — Autre Portière analogue.

228 — Deux autres Portières analogues.

229-233 — Quatre grandes et belles Portières richement brodées. Seront vendues séparément.

234 — Trois Tentures en peluche de soie, du XVIe

235 — Deux Chapes en brocart et drap d'or.

236 — Tapis en drap d'or.

237 — Tapis en drap d'argent.

238 — Trois Coupes en brocart.

239 — Chape en brocart vert.

240 — Chape en brocart bleu.

241 — Chape en brocart gris-perle.

242 — Deux Coupes de chasuble.

243 — Coupe en brocart saumon.

244 — Coupe de soie, 8 mètres.

245 — Écran au petit point.

246 — Manteau de cheminée.

247 — Robe en soie gris-perle.

248 — Carré en drap d'or.

249 — Coupe en brocart.

250 — Chape en brocart.

TABLEAUX

251 — **Netscher.** Portrait d'homme.

252 — **Vélasquez** Ecole de). Portrait de Seigneur.

253 — **Vélasquez** (Ecole de). Portrait d'homme avec collerettes.

254 — **Ecole italienne**. Madone.

255 — **Ecole italienne**. Vierge tenant l'Enfant Jésus.

256 — **Ecole française**. Sujet champêtre.

257 — **Ecole française**. Portrait de femme. Cadre en bois sculpté.

258 — **Largillière** (D'après). Portrait de Seigneur.

MARBRES

259 — Buste de femme, de l'époque Louis XIV.

260 — Buste de femme, de l'époque Louis XIV.

261 — Statuette en marbre, sur socle.

262 — Buste de jeune fille.

263 — Buste d'homme.

TAPISSERIES, TAPIS

264 — Tapisserie de la Renaissance, avec petits personnages.

265 — Grande Tapisserie avec sujets de chasse et bordures à fleurs.

266 — Panneau de la Renaissance, avec bordures à petits personnages.

267 — Petite Tapisserie animée de nombreux personnages dans un paysage.

268 — Tapisserie de l'époque de la Renaissance, sujet mythologique.

269 — Autre Tapisserie analogue, sans bordures.

270 — Tapis du xviie siècle, tissé d'argent.

271 — Tapis gothique tissé d'argent.

272-278 — Fort lot de Bordures de Tapisseries à sujets de fleurs. (Sera divisé).

279 — Lot de Bordures de l'époque de la Renaissance (Sera divisé).

280 — Objets non catalogués.

Ve Renou, Maulde et Cock, imprs de la Compagnie des Commissaires-Priseurs, rue de Rivoli, 144.   200—43801